BEI GRIN MACHT SICH IHR
WISSEN BEZAHLT

AF146039

- Wir veröffentlichen Ihre Hausarbeit,
  Bachelor- und Masterarbeit

- Ihr eigenes eBook und Buch -
  weltweit in allen wichtigen Shops

- Verdienen Sie an jedem Verkauf

Jetzt bei www.GRIN.com hochladen
und kostenlos publizieren

Bibliografische Information der Deutschen Nationalbibliothek:

Die Deutsche Bibliothek verzeichnet diese Publikation in der Deutschen National-
bibliografie; detaillierte bibliografische Daten sind im Internet über http://dnb.d-
nb.de/ abrufbar.

Impressum:

Copyright © 2016 GRIN Verlag, Open Publishing GmbH
Druck und Bindung: Books on Demand GmbH, Norderstedt Germany
ISBN: 9783668511064

Dieses Buch bei GRIN:

http://www.grin.com/de/e-book/373030/die-zukunft-europas-die-entwicklung-der-
europaeischen-union-und-die-erweiterungsverfahren

Theresa Seibert

Die Zukunft Europas. Die Entwicklung der europäischen Union und die Erweiterungsverfahren Europas

GRIN Verlag

GRIN - Your knowledge has value

Der GRIN Verlag publiziert seit 1998 wissenschaftliche Arbeiten von Studenten, Hochschullehrern und anderen Akademikern als eBook und gedrucktes Buch. Die Verlagswebsite www.grin.com ist die ideale Plattform zur Veröffentlichung von Hausarbeiten, Abschlussarbeiten, wissenschaftlichen Aufsätzen, Dissertationen und Fachbüchern.

Besuchen Sie uns im Internet:

http://www.grin.com/

http://www.facebook.com/grincom

http://www.twitter.com/grin_com

Wintersemester 2015/2016

Fachhochschule Südwestfalen – University of Applied Sciences

Fachbereich: Ingenieurs- und Wirtschaftswissenschaften

Studiengang: Betriebswirtschaft (Franchising)

Seminararbeit

DIE ZUKUNFT EUROPAS. DIE ENTWICKLUNG DER EUROPÄISCHEN UNION UND DIE ERWEITERUNGSVERFAHREN EUROPAS

Theresa Seibert

26. Februar 2016

Inhaltsverzeichnis

Abbildungsverzeichnis

Abkürzungsverzeichnis

Abb.	Abbildung
BIP	Bruttoinlandsprodukt
bzw.	beziehungsweise
ca.	circa
EFTA (European Free Trade Association)	Europäische Freihandelsassoziation
EG	Europäische Gemeinschaft
EK	Europäische Kommission
EP	Europäisches Parlament
ER	Europäischer
EU	Europäische Union
EU-15	Europäische Union bestehend aus 15 Mitgliedstaaten
EU-28	Europäische Union bestehend aus 28 Mitgliedstaaten
EURATOM	Europäische Atomgemeinschaft
EWG	Europäische Wirtschaftsgemeinschaft
f.	folgende
ff.	fortfolgende
KKS	Kaufkraftstandards
o. J.	ohne Jahr
o. V.	ohne Verfasser
S.	Seite
Vgl.	Vergleiche
WWU	Wirtschafts- und Währungsunion

1 Einführung

„Europa ist ein Prozess, eine Aktion, eine Unternehmung, etwas, das in Bewegung ist."[1] Dieses Zitat von György Konrad, einem ungarischen Autor, beschreibt sehr gut, dass sich die EU in den vergangenen Jahrzehnten enorm entwickelt hat und sich dieser Prozess weiterhin fortführen wird.

Gegründet wurde die heutige EU von sechs Staaten. Aktuell gehören ihr 28 Mitgliedstaaten an. Innerhalb von mehr als 60 Jahren hat sich die Mitgliedzahl der EU fast verfünffacht. Solch ein Erweiterungsprozess vollzieht sich in der Regel nicht ohne Probleme und Herausforderungen sowie Anpassungen der vorhandenen Strukturen. Europa war und ist ständig in Bewegung. Schon bald könnten weitere Staaten der EU beitreten.

Ziel dieser Arbeit ist es, ausgehend von einigen Gründungsmotiven das Wachstum der EU anhand der Erweiterungsrunden darzustellen und diese Entwicklung mit wirtschaftlichen Kennzahlen zu belegen sowie die Zukunft Europas zu betrachten.

Zunächst werden notwendige Voraussetzungen für einen Beitritt beschrieben, gefolgt vom Ablauf des Beitrittsverfahrens. Im Anschluss werden die einzelnen Erweiterungsrunden und die damit in Verbindung stehenden Auswirkungen für die EU dargestellt. Ebenso werden mögliche Erweiterungsrunden in der Zukunft betrachtet. Insbesondere wird auf die Entwicklung des geographischen Ausmaßes, der Bevölkerungszahlen und des BIP pro Kopf in KKS eingegangen. Die Seminararbeit schließt mit einem Fazit ab, in dem vor allem die Grundsatzdebatte zwischen Erweiterung und Vertiefung erläutert wird.

2 Beitritt zur EU

Grundsätzlich kann nach Art. 49 Abs. 1 EUV jeder europäische Staat beantragen, Mitglied der Union zu werden. Über den Beitrittswunsch eines Staates wird in einem politischen Verfahren entschieden. Vertraglich festgelegtes und notwendiges Kriterium zum Beitritt ist jedoch nur die geografische Lage, womit letztendlich außereuropäische Staaten ausgeschlossen werden. Bereits vor dem Beitritt müssen die Staaten aber eine gewisse Beitrittsreife besitzen. Sie dürfen sich von den bisherigen Mitgliedstaaten der EU nicht zu sehr unterscheiden, vielmehr müssen Gemeinsamkeiten zwischen den Staaten bestehen. So wird sichergestellt, dass die Integrationsfähigkeit der EU nicht überfordert wird.[2]

---

[1] Brasche (2013), S. 1.
[2] Vgl. Brasche (2013), S. 411.

1

2.1 Die Kopenhagener Kriterien

Zum Nachweis der Beitrittsreife wurden auf einer Sitzung des ER im Jahr 1993 die Kopenhagener Kriterien definiert, welche vom Bewerberland erfüllt sein müssen. Diese Kriterien lassen sich in drei Teile untergliedern.

Das politische Kriterium umfasst die institutionelle Stabilität. Dadurch sollen eine demokratische und rechtsstaatliche Ordnung, die Wahrung der Menschenrechte sowie die Achtung und der Schutz von Minderheiten sichergestellt werden. Das wirtschaftliche Kriterium beinhaltet die „Existenz einer funktionsfähigen Marktwirtschaft"[3] sowie die „Fähigkeit, dem Wettbewerbsdruck und den Marktkräften innerhalb der EU standzuhalten".[4] Das Acquis Kriterium stellt die Fähigkeit dar, alle Verpflichtungen, die mit der Mitgliedschaft verbunden sind, einzuhalten. Dies sind die Übernahme des gemeinschaftlichen Besitzstandes (Acquis Communautaire) der EU sowie das Einverständnis mit den Zielen der politischen Union einschließlich der WWU.[5]

Weiterhin wird geprüft, ob die EU überhaupt institutionell und finanziell fähig ist, neue Staaten aufzunehmen. Werden die Kopenhagener Kriterien erfüllt, heißt dies aber noch nicht, dass dieser Staat einen Anspruch auf eine Mitgliedschaft in der EU hat. Jeder Beitritt verlangt die Zustimmung des EP und des ER. Weiterhin muss der Beitrittsvertrag ratifiziert werden, sowohl von den bisherigen Mitgliedstaaten als auch dem Bewerberstaat.[6]

2.2 Das Beitrittsverfahren

Bevor die Beitrittsverhandlungen überhaupt aufgenommen werden, läuft ein Prozess ab, in dem das gesamte nationale Recht des beitrittswilligen Staates genauer betrachtet wird. Ziel ist es festzustellen, ob nationale Vorschriften bestehen, die mit dem EU-Recht nicht vereinbar sind und somit vor einem Beitritt verändert werden müssen.[7]

Der Ablauf des Beitrittsverfahrens *(siehe Abb. 1)* ist in die Antragsphase, Verhandlungsphase und Ratifizierungsphase gegliedert. Zunächst stellt das Bewerberland einen Antrag auf Mitgliedschaft an den ER. Nach dessen Kenntnisnahme werden die EK, die nationalen Parlamente und das EP über den Beitrittsantrag informiert. Die EK berät über den Antrag und gibt eine Empfehlung zum Beitritt des Bewerberlandes ab. Des Weiteren muss das EP mit absoluter Mehrheit dem Beitritt zustimmen. Der

---

[3] Wagener / Eger (2014), S. 57.
[4] Wagener / Eger (2014), S. 57.
[5] Vgl. Wagener / Eger (2014), S. 57.
[6] Vgl. Weidenfeld (2013), S. 77.
[7] Vgl. o. V., Europäisches Parlament (o. J.a).

ER muss im Anschluss einstimmig beschließen, dass Verhandlungen zum Beitritt aufgenommen werden. Danach erhält der Bewerberstaat den Kandidatenstatus und die Verhandlungen können offiziell beginnen, womit die Antragsphase abgeschlossen ist.[8]

Die Verhandlungen werden in Regierungskonferenzen zwischen den EU-Mitgliedstaaten und dem Bewerberland durchgeführt. Es geht während der Verhandlungsphase um die Übernahme und Anwendung des gemeinschaftlichen Besitzstandes, welcher in 35 Kapitel *(siehe Abb. 2)* gegliedert ist. Jedes Kapitel wird im Rahmen von vier Schritten bearbeitet. Im Screening, durchgeführt von der EK, wird geprüft, in welchen Kapiteln Fortschritte erzielt werden müssen. Nachdem der Reformbedarf festgestellt wurde, werden die entsprechenden Kapitel geöffnet. Für jedes Kapitel werden gemeinsame Verhandlungspositionen vereinbart, über die während der laufenden Verhandlungen beraten wird. Sobald der Beitrittskandidat nachweist, dass die Vereinbarungen erfüllt sind, wird jedes Kapitel einzeln vom ER geschlossen, womit die Verhandlungsphase beendet ist.[9]

Während der Ratifizierungsphase wird der Beitrittsvertrag entworfen, welcher die Ergebnisse der Verhandlungen enthält. Nun erfolgt der Abschluss eines Abkommens zwischen den EU-Mitgliedstaaten und dem Bewerber-staat. In diesem Abkommen werden konkrete Modalitäten des Beitritts geregelt und falls der Acquis Communautaire zum Beitrittszeitpunkt keine vollständige Anwendung findet, werden Übergangsbestimmungen definiert.[10] Zunächst muss die EK eine Stellungnahme zum Beitritt formulieren. Das EP, welcher stets über den aktuellen Stand zum Beitritt informiert wird, muss mit absoluter Mehrheit seiner Mitglieder dem Beitritt zustimmen. Im Anschluss muss der ER einstimmig über den Beitrittsvertrag entscheiden, welcher dann von den Staats- und Regierungschefs unterzeichnet wird. Bei dem Beitrittsvertrag handelt es sich um einen völkerrechtlichen Akt. Dies ist der Grund, warum er von den Mitgliedstaaten entsprechend ihrer verfassungsrechtlichen Vorschriften ratifiziert werden muss. Erst danach wird der Beitritt wirksam.[11]

Dieser Ablauf verdeutlicht, dass der Handlungsspielraum der Bewerber-staaten im Hinblick auf definierte Übergangsfristen sowie die vollständige Anpassung und Übernahme des Acquis Communautaire begrenzt ist.[12]

---

[8] Vgl. Weidenfeld / Wessels (2014), S. 167 f.
[9] Vgl. o. V., Europäisches Parlament (o. J.a); Weidenfeld / Wessels (2014), S. 167.
[10] Vgl. o. V., Europäisches Parlament (o. J.); Lippert, Bundeszentrale für politische Bildung (o. J.a).
[11] Vgl. o. V., Europäisches Parlament (o. J.a); Weidenfeld / Wessels (2014), S. 170.
[12] Vgl. Weidenfeld / Wessels (2014), S. 168.

3 Erweiterungsrunden der EU

Begonnen hat die Entwicklung mit sechs Gründerstaaten. Seitdem ist die EU schrittweise auf aktuell 28 Mitgliedstaaten angewachsen (Stand 2016). Jeder Beitrittsantrag wird zwar einzeln verhandelt, jedoch befürwortet die EU die Aufnahme neuer Staaten in größeren Gruppen, also mehrerer Staaten gemeinsam.[13] Nicht nur die Anzahl der Mitgliedstaaten und mit ihnen das geographische Ausmaß der EU haben sich verändert, auch die Vielfalt und Differenzen haben zugenommen. Jede Erweiterung hat Einfluss auf das institutionelle Gefüge, die Machtverhältnisse innerhalb der Union sowie auf die zukünftige Gestaltung der EU.[14] In diesem Kapitel werden die sechs Erweiterungsrunden genauer betrachtet.

3.1 Gründungsmotive

Nach dem Ende des Zweiten Weltkriegs verbreitete sich in Europa der Gedanke einer Europäischen Einigung. Der Prozess des Zusammenwachsens von Europa war geprägt von zahlreichen Vorstellungen und Interessen. Letztendlich bildeten sich zentrale Gründungsmotive heraus.[15]

Zunächst war zur Überwältigung der nationalistischen Vergangenheit ein demokratisches sowie friedliches Europa das Ziel. Dieses Motiv brachte bereits Winston Churchill in seiner Rede vom 19. September 1946 als „Vereinigte Staaten von Europa" zum Ausdruck. Auch heute noch spielt Frieden und Sicherheit eine große Rolle in Europa. So wurde im Jahr 2012 der Friedensnobelpreis an die EU verliehen.[16] Von großer Bedeutung sind ebenso die Wahrung der gemeinsamen Grundwerte in der Gemeinschaft sowie der Wunsch nach Freiheit und Mobilität. Dahingehend litten die Menschen in der Vergangenheit unter Beschränkungen des Personen-, Waren- und Kapitalverkehrs.[17]

Die europäischen Staaten haben ihre dominierende Rolle verloren und standen den Weltmächten USA und Sowjetunion gegenüber. Um ihre Position wieder zu stärken, war die Hoffnung auf die Entstehung einer gemeinsamen Macht stark ausgeprägt, denn der EU als Ganzes kommen mehr Bedeutung und

---

[13] Vgl. Bache / Bulmer / George/ Parker (2015), S. 514.
[14] Vgl. Weidenfeld (2013), S. 75; Weidenfeld / Wessels (2014), S. 165.
[15] Vgl. o. V., Brandenburgische Landeszentrale für politische Bildung (2015).
[16] Vgl. o. V., Brandenburgische Landeszentrale für politische Bildung (2015).
[17] Vgl. Weidenfeld / Wessels (2014), S. 13.

politisches Gewicht zu als den jeweiligen Einzelstaaten allein. Dieser Gedanke findet sich heute in einer gemeinsamen Außen- und Sicherheitspolitik wieder.[18]

Aber auch wirtschaftliche Motive für ein vereinigtes Europa waren von hoher Bedeutung. Mit dem gemeinsamen Binnenmarkt sowie einer gemeinsamen Währung sollen wirtschaftliche Vorteile genutzt werden. Durch die Einführung des Euros in mittlerweile 19 Staaten der EU entfallen seither die Umtauschkosten sowie Wechselkursrisiken. Der gemeinsame Markt sorgt für eine Erhöhung des Wohlstandes und eine enorme Intensivierung des Handels zwischen den Mitgliedstaaten.[19]

3.2 Gründung 1952

Nach Beendigung des Zweiten Weltkriegs wurde über neue Formen der internationalen Zusammenarbeit nachgedacht.[20] Ein wichtiger Schritt war die Gründung der EGKS im Jahr 1952 von den Beneluxstaaten, Deutschland, Frankreich und Italien *(siehe Abb. 3)*. Die sechs Gründerstaaten bildeten geographisch und wirtschaftlich das Zentrum Europas und waren sich in ihrem Entwicklungsstand alle ähnlich. Insbesondere Frankreich und Deutschland bekriegten sich in der Vergangenheit des Öfteren, weshalb die Hoffnung auf Sicherheit und Frieden ein wichtiges Motiv war.[21] Die föderalistischen Ambitionen in den 1950er Jahren gingen sogar noch weiter, so wurden im wirtschaftlichen Bereich neue Verhandlungen aufgenommen. Ziel war die Integration auf die gesamte Wirtschaft auszuweiten, weshalb im Jahr 1957 in Rom die Verträge der EWG und der EURATOM von den Gründerstaaten der EGKS unterzeichnet wurden.[22] Durch die EWG sollten ein gemeinsamer Markt sowie eine einheitliche Wirtschaftspolitik erzielt werden. Weiterhin sollten Zölle abgeschafft und freier Personen-, Waren- und Kapitalverkehr ermöglicht werden. Ziele der EURATOM waren eine enge Kooperation in allen Fragen der Kernenergie und Erhöhung der Versorgungssicherheit.[23] Im Jahr 1965 fusionierten die EWG, EURATOM und EGKS zur EG.[24]

Schon die Gründerstaaten hatten unterschiedliche Vorstellungen über die zukünftige Form der Kooperation. Zur Debatte standen einerseits eine intergouvernementale Zusammenarbeit, andererseits ein

---

[18] Vgl. o. V., Brandenburgische Landeszentrale für politische Bildung (2015); Weidenfeld / Wessels (2014), S. 13 f.
[19] Vgl. o. V., Brandenburgische Landeszentrale für politische Bildung (2015).
[20] Vgl. Schmidt / Schünemann (2013), S. 327.
[21] Vgl. Brasche (2013), S. 407.
[22] Vgl. Stratenschulte, Bundeszentrale für politische Bildung (2014a).
[23] Vgl. Adam / Mayer (2014), S. 28 f.
[24] Vgl. Adam / Mayer (2014), S. 31.

föderales Europa. Heute enthält die EU Teile beider Prinzipien, daher wird die EU als ein politisches System „sui generis" bezeichnet. Dies soll verdeutlichen, dass die EU einmalig und mit keinem anderen Staatsgebilde zu vergleichen ist.[25]

3.3 Norderweiterung 1973

Im Jahr 1961 haben Dänemark, Großbritannien und Irland ihren Antrag auf Mitgliedschaft in der EG gestellt. Ein Jahr später reichte Norwegen seinen Beitrittsantrag ebenso ein. Der Antrag Großbritanniens war ausschlaggebend für die Entscheidung Dänemarks und Irlands, ebenso Mitglied der EG zu werden. Dies ist dadurch zu erklären, dass Dänemark und Irland außenwirtschaftlich stark abhängig von Großbritannien, ihrem wichtigsten Handelspartner, waren. Die wirtschaftlichen Beziehungen wurden insbesondere durch die gemeinsame Mitgliedschaft in der EFTA gefördert.[26] Die beiden Staaten hätten den Handel mit Großbritannien riskiert, da sie als Drittländer vor einer Zollschranke gestanden hätten, wenn sie nicht gemeinsam mit Großbritannien den Weg in die Zollunion beschreiten.[27]

Die Verhandlungen wurden lange Zeit von Frankreich blockiert, da das Land befürchtete, durch Großbritannien eine Schwächung der Macht zu erleiden. Nach dem Rücktritt des französischen Staatspräsidenten Charles de Gaulles, wurden Ende 1969 die Beitrittsverhandlungen wieder aufgenommen. 1973 wurden Dänemark, Großbritannien und Irland Mitglieder der EG.[28] Die EG besteht nun aus neun Mitgliedstaaten *(siehe Abb. 4)*. Mit Norwegen wurde auch über die Beitrittsbedingungen verhandelt, allerdings stimmte die norwegische Bevölkerung in einem Referendum gegen eine Mitgliedschaft, sodass die Ratifizierung des Beitrittsvertrages scheiterte.[29]

Die Auswirkungen der ersten Erweiterungsrunde waren sehr tiefgreifend. Durch den Beitritt der Inselstaaten war die Grenze Kontinentaleuropas überwunden, womit die EG sich geographisch vergrößert hat und auch die Anzahl der Mitgliedstaaten um die Hälfte angestiegen ist.[30] Insbesondere mit Großbritannien war nun ein weiterer großer Staat Mitglied in der EG, welcher sowohl in wirtschaftlichen als auch in politischen Angelegenheiten starken Einfluss üben wird. Bisher wurde die Verhandlungsgeschwindigkeit maßgeblich von Frankreich und Westdeutschland dominiert.[31] Ebenso wurde deut-

---

[25] Vgl. Adam / Mayer (2014), S. 30; o. V., Bundeszentrale für politische Bildung (2009).
[26] Vgl. Bache / Bulmer / George / Parker (2015), S. 516.
[27] Vgl. Brasche (2013), S. 408.
[28] Vgl. Weidenfeld (2013), S. 76.
[29] Vgl. Lippert, Bundeszentrale für politische Bildung (2014).
[30] Vgl. Bache / Bulmer / George / Parker (2015), S. 516; Brasche (2013), S. 408.
[31] Vgl. Bache / Bulmer / George / Parker (2015), S. 516.

lich, dass aufgrund einer größeren Anzahl an Mitgliedern auch Interessenskonflikte zunahmen, beispielsweise dahingehend, wie sich die EG zukünftig organisieren sollte. Von den neuen Mitgliedern wurde eine intergouvernementale Organisationsstruktur bevorzugt, was im Widerspruch zu bundesstaatlichen Tendenzen steht. Außerdem zielte Großbritannien auf eine enge Verbindung mit den Vereinigten Staaten von Amerika ab. Diese Vorstellungen lehnte Frankreich aber ab, denn deren Bestreben war ein autarkes Europa mit eigener politischer Kraft.[32]

3.4 Süderweiterung 1981/1986

Die Süderweiterung vollzog sich in zwei Phasen. Der Beitrittsantrag Griechenlands wurde bereits im Jahr 1975 gestellt, die beiden Anträge Spaniens und Portugals folgten 1977. Nach erfolgreichen Verhandlungen wurden die Beitrittsverträge unterzeichnet. Letztendlich ist Griechenland 1981 beigetreten und im Jahr 1986 erweiterte sich die EG um Spanien und Portugal.[33] Nun gehörten 12 Mitglieder der EG an *(siehe Abb. 5)*.

Diese drei Staaten wurden bis in die 1970er Jahre autoritär geführt, weswegen erst mit dem Ende der Diktatur ein Beitritt zur EG denkbar war.[34] Als die Länder den Wandel zur Demokratie bestritten, standen die bisherigen Mitgliedstaaten den Beitritten offener gegenüber als zuvor. Trotzdem war die Süderweiterung umstritten, da unter anderem befürchtet wurde, dass die Länder Spannungen und Konflikte mit in die EG bringen.[35]

Auffällig war außerdem, dass zwischen den alten und neuen Mitgliedern starke   existierten.[36] Die Länder im Süden Europas waren von Armut geprägt und wirtschaftlich stark auf den Agrarbereich ausgerichtet, wodurch ein niedrigeres BIP pro Kopf erklärbar ist.[37] Aufgrund der ausgeprägten Agrarbereiche hatten insbesondere Frankreich und Italien Sorge vor starker Konkurrenz mit den südlichen Staaten. Eine weitere Herausforderung war, dass umfangreiche Finanzbeihilfen für Strukturreformen in den wirtschaftlich rückständigen Ländern notwendig waren. Weiterhin hatte die EG auch Bedenken

---

[32] Vgl. Weidenfeld (2013), S. 76.
[33] Vgl. Lippert, Bundeszentrale für politische Bildung (o. J.b).
[34] Vgl. Brasche (2013), S. 408.
[35] Vgl. Bache / Bulmer / George / Parker (2015), S. 516.
[36] Vgl. Schmidt / Schünemann (2013), S. 346.
[37] Vgl. Brasche (2013), S. 408.

vor einem starken Zulauf an Arbeitskräften. Daher wurden Übergangsfristen von bis zu zehn Jahren beschlossen, um mögliche wirtschaftliche Folgen einzudämmen.[38]

3.5 Norderweiterung 1995

Nachdem der Kalte Krieg beendet war und Deutschland sich wiedervereinigt hatte wurden weitere Schritte der Integration vorangetrieben. So wurde im Jahr 1992 der Vertrag von Maastricht unterzeichnet, womit die EU gegründet wurde. Inhalt des Vertrages war unter anderem auch die Einführung einer gemeinsamen WWU.[39]

Schon zwischen 1989 und 1992 reichten Österreich, Schweden und Finnland ihre Beitrittsanträge für eine Mitgliedschaft in der EU ein. Die Länder traten 1995 der EU bei und die Anzahl der Mitglieder erhöhte sich von 12 auf 15 *(siehe Abb. 6)*.[40] Die vorangegangenen Beitrittsverhandlungen verliefen unproblematisch, da die drei Länder sowohl wirtschaftlich als auch politisch weit entwickelt waren und auch kulturell mit den Werten der bisherigen Mitgliedstaaten übereinstimmen. Zuvor waren alle drei Staaten bereits Mitglieder der EFTA.[41] Maßgeblich für die gewünschte Mitgliedschaft waren die immer stärkere Position der EU gegenüber der EFTA sowie die Befürchtung eines Exportrückgangs in EU-Länder aufgrund der gegründeten WWU.[42] Ein weiterer Faktor für die Beitritte war das Ende des Kalten Krieges. Erst nach dem Zerfall der Sowjetunion wurden Anträge auf Mitgliedschaft eingereicht. Zuvor nahmen die Länder eine neutrale Rolle zwischen den Machtblöcken USA und Sowjetunion ein.[43] Die Schweiz und Norwegen stellten bereits zum zweiten Mal Anfang der 1990er Jahre ihre Beitrittsanträge, jedoch entschieden sich die Bevölkerungen der beiden Staaten gegen einen Beitritt zur EU.[44]

3.6 Osterweiterung 2004

Der Fall des Kommunismus im Jahr 1989 führte in Zentral- und Osteuropa zu enormen Veränderungen, wodurch zahlreiche mittel- und osteuropäische Länder an einer Mitgliedschaft in der EU interes-

---

[38] Vgl. Clemens / Reinfeldt / Wille (2008), S. 231 f.
[39] Vgl. Weidenfeld / Wessels (2014), S. 32 f.
[40] Vgl. Bache / Bulmer / George / Parker (2015), S. 517.
[41] Vgl. Schmidt / Schünemann (2013), S. 356.
[42] Vgl. o. V., Bundeszentrale für politische Bildung (2014).
[43] Vgl. Brasche (2013), S. 408.
[44] Vgl. Clemens / Reinfeldt / Wille (2008), S. 232.

siert waren. Aufgrund dieses Bestrebens der Länder reagierte die EU und entwickelte eine Heranführungsstrategie.[45] Zwischen 1991 und 1996 wurde ein Europa-Abkommen zwischen Bulgarien, Estland, Lettland, Litauen, Polen, Rumänien, der Slowakei, Slowenien, Tschechien, Ungarn und der EU vereinbart. Dies waren Assoziierungsverträge, die einen späteren Beitritt ermöglichen sollen, sobald sie ihren Verpflichtungen, die mit einer Mitgliedschaft in der EU verbunden sind, nachgekommen sind.[46] Inhalt dieser Verträge war beispielsweise, dass die EU ihre Zoll- und Einfuhrschranken abbaut und im Gegenzug die assoziierten Staaten ihre nationalen Märkte für Produkte aus der EU öffnen.[47] Ebenso wurden im Jahr 1993 die Kopenhagener Kriterien eingeführt, die jeder Staat vor dem Beitritt in die EU erfüllen muss.[48]

Bis 1996 hatten die assoziierten zehn Staaten offiziell ihre Beitrittsanträge gestellt und so den ersten Schritt zurück nach Europa eingeschlagen. Weiterhin wurden bereits 1987 von der Türkei und 1990 von Malta und Zypern Beitrittsanträge in der EU eingereicht. Nach Beendigung der Beitrittsverhandlungen wurde allen Staaten, ausgenommen der Türkei, bescheinigt, die politischen Beitrittskriterien zu erfüllen. Aufgrund unzureichender politischer Qualifikationen konnte der Türkei nur der Status eines Beitrittskandidaten vergeben werden.[49] Somit vergrößerte sich die EU im Jahr 2004 um zehn Staaten: Estland, Lettland, Litauen, Malta, Polen, Slowakei, Slowenien, Tschechien, Ungarn und Zypern. Bulgarien und Rumänien erfüllten die wirtschaftlichen Kriterien zu diesem Zeitpunkt noch nicht, weshalb sie erst drei Jahre später beigetreten sind.[50]

Die Beitritte Bulgariens und Rumäniens wurden allerdings ohne große Aufmerksamkeit vollzogen, da sie wirtschaftlich nicht ausreichend entwickelt waren und die demokratischen sowie rechtsstaatlichen Strukturen nicht zufriedenstellend umgesetzt wurden. Die Beitrittsreife war durchaus bedenklich. Dies ist der Grund für die Formulierung strenger Auflagen sowie eine kontinuierliche Beobachtung der beiden Staaten durch die EU.[51] Außerdem drohte die EU mit der Anwendung von Schutzklauseln, wenn keine weiteren Fortschritte in Richtung der EU-Standards erzielt werden. Die EU forderte vor allem die Bekämpfung der Korruption und die Errichtung einer unabhängigen Justiz. Im Falle von unzureichenden Fortschritten darf die EU Sanktionen verhängen, angedacht waren beispielsweise Kürzungen der Agrarsubventionen.[52]

---

[45] Vgl. Weidenfeld (2013), S. 77.
[46] Vgl. Clemens / Reinfeldt / Wille (2008), S. 232.
[47] Vgl. Weidenfeld (2013), S. 78.
[48] Vgl. Bache / Bulmer / George / Parker (2015), S. 517.
[49] Vgl. Clemens / Reinfeldt / Wille (2008), S. 233.
[50] Vgl. Bache / Bulmer / George / Parker (2015), S. 518.
[51] Vgl. Brasche (2013), S. 409.
[52] Vgl. o. V., Landeszentrale für politische Bildung Baden-Württemberg (o. J.).

Insgesamt wurden 12 neue Staaten aufgenommen, womit die EU aus 27 Mitgliedern bestand *(siehe Abb. 7)*. Die Osterweiterung stellte die bisher größte Erweiterung dar. Durch diese Erweiterung war die Teilung Europas endgültig überwunden, allerdings wurde die EU aber sowohl zahlenmäßig als auch wirtschaftlich und politisch vor Herausforderungen gestellt. Die Befürchtung war groß, dass die EU überdehnt würde, zumal die Grenzen der EU noch weiter ausgeweitet wurden und nun bis hin zum Balkan sowie in den Mittelmeerraum reichten.[53]

Die mittel- und osteuropäischen Staaten waren bisher planwirtschaftlich geführt und waren vom Weltmarkt völlig abgekapselt. Der Wandel zur Marktwirtschaft stellte eine Hürde für die Staaten dar. Des Weiteren war das materielle Wohlstandsniveau im Vergleich zu den anderen Staaten der EU wesentlich geringer, sodass ein enormes Aufholpotenzial bestand.54

Offensichtlich war, dass die EU politisch und institutionell nicht so weitergeführt werden konnte wie bisher, weshalb umfassende Reformen von Nöten waren. Besonders wichtig waren Themen wie Agrarpolitik, Arbeitnehmerwanderung sowie die Handhabung der Strukturfonds. Ebenfalls sollte ein Fokus auf die reformbedürftigen Institutionssysteme gelegt werden.[55]

3.7 Der Beitritt Kroatiens 2013

Kroatien stellte im Jahr 2003 seinen Beitrittsantrag und erhielt im gleichen Jahr noch seinen Kandidatenstatus. Bereits Anfang 2004 befürwortete die EU die Verhandlungen aufzunehmen, da Kroatien sich in sehr kurzer Zeit politisch und wirtschaftlich gut entwickelt hatte. Ende 2005 wurden die Verhandlungen aufgenommen und 2011 wurde der Beitrittsvertrag unterschrieben.[56] Der Beitritt war jedoch an einige Bedingungen geknüpft. Kroatien musste maßgeblich bei der Justizreform Fortschritte erzielen und sich im Kampf gegen Korruption weiterentwickeln. Hinsichtlich dieser Kriterien wurde Kroatien bis zu seinem tatsächlichen Beitritt im Jahr 2013 streng kontrolliert.[57] Kroatien ist nun das 28. Mitglied der EU *(siehe Abb. 8)*.

---

[53] Vgl. Schmidt / Schünemann (2013), S. 363.
[54] Vgl. Brasche (2013), S. 409.
[55] Vgl. Weidenfeld (2013), S. 79.
[56] Vgl. Bache / Bulmer / George / Parker (2015), S. 518.
[57] Vgl. o. V., Landeszentrale für politische Bildung Baden-Württemberg (o. J.).

3.8 Aktuelle und potenzielle Beitrittskandidaten

Die Erweiterung des Jahres 2013 stellt aktuell die letzte Vergrößerung der EU dar, jedoch könnten schon bald neue Staaten aufgenommen werden, denn insbesondere südosteuropäische Staaten zeigen Interesse an einem Beitritt.

Aktuelle Beitrittskandidaten sind Mazedonien, Montenegro, Serbien und die Türkei *(siehe Abb. 9)*. Island gehörte ebenso zu den Beitrittskandidaten. Alle Staaten haben bereits ihre Beitrittsanträge bei der EU eingereicht und auch ihren Kandidatenstatus erhalten. Mit den beiden Staaten Mazedonien und Serbien wurden bisher noch keine Verhandlungen aufgenommen. Hingegen konnten mit Island, Montenegro und der Türkei die Verhandlungen beginnen und einzelne Kapitel des Acquis Communautaire bereits geschlossen werden. In Island wechselte während der Verhandlungen im Jahr 2013 die Regierung und seitdem lagen die Verhandlungen still, bis letztendlich 2015 der Beitrittsantrag zurückgezogen wurde. Der Beitrittsprozess mit der Türkei stagniert derzeit, weil das Land ein Protokoll zur Ausweitung der Zollunion auf Zypern nicht ratifiziert hat. Dieses Protokoll ist Bestandteil des Assoziierungsabkommens mit der Türkei.[58]

Weitere potenzielle Beitrittskandidaten sind die westlichen Balkanländer Albanien, Bosnien und Herzegowina sowie der Kosovo *(siehe Abb. 10)*. Die EU sieht bei diesen Staaten bisher aber noch keine konkret bevorstehende Mitgliedschaft aufgrund wirtschaftlicher Unterentwicklung und politischer Instabilität.[59]

3.9 Zahlenmäßige Entwicklung der EU

Im Folgenden werden die geographische Entwicklung, das Bevölkerungswachstum der EU und das BIP pro Kopf in KKS seit der Gründung dargestellt. Grundsätzlich ist bei der Betrachtung des Bevölkerungswachstums und des BIP pro Kopf in KKS der EU zu beachten, dass sowohl die Aufnahme neuer Staaten als auch die Entwicklung innerhalb der bisherigen Mitgliedstaaten diese Kennzahlen beeinflusst.

---

[58] Vgl. Weidenfeld / Wessels (2014), S. 171 ff.
[59] Vgl. Bache / Bulmer / George / Parker (2015), S. 518 f.

Zum Gründungszeitpunkt 1952 hatte die EGKS, bestehend aus sechs Mitgliedstaaten, eine Fläche von rund 1,4 Millionen Quadratkilometern und ungefähr 175 Millionen Einwohner. Bereits nach den ersten drei Erweiterungen, von sechs auf 15 Mitgliedstaaten, hat sich die Fläche mehr als verdoppelt und lag bei 3,3 Millionen Quadratkilometern. Die Bevölkerungszahl der EU hat ebenfalls zugenommen und lag im Jahr 1995 bei ca. 218 Millionen. Als die Osterweiterung im Jahr 2004 vollzogen war und die EU aus 27 Staaten bestand, hat sich die Fläche der EU im Vergleich zum Gründungszeitpunkt mehr als verdreifacht. Die EU-28 hat heute insgesamt eine Fläche von 4,5 Millionen Quadratkilometern, das ist weniger als die Hälfte der Fläche Chinas oder der USA. Die Bevölkerungszahl der EU beträgt aktuell ungefähr 508 Millionen. In China leben ca. 1,3 Milliarden Menschen und in den USA ca. 321 Millionen. Die Bevölkerungszahl der EU hat sich in den letzten 60 Jahren fast verdreifacht und verzeichnet weiterhin ein anhaltendes Wachstum, welches sich aber im Verlaufe der letzten Jahrzehnte verlangsamt hat.[60]

Für die Beurteilung des Lebensstandards wird das BIP pro Kopf in KKS verwendet. Das BIP pro Kopf ist seit der Gründung der EGKS stetig gestiegen. Die EU-15 erzielte im Jahr 1995 ein BIP pro Kopf von 18.000 KKS. Im Jahr 2004, nach der Osterweiterung, betrug das BIP pro Kopf 22.300 KKS. Im Jahr 2013, indem die EU auf 28 Mitgliedstaaten erweitert wurde, betrug das BIP pro Kopf 26.600 KKS und lag damit leicht über dem Höchstwert des Jahres 2008 mit 25.900 KKS. Dieser Wert wurde erreicht bevor sich die Finanz- und Wirtschaftskrise abzeichnete.[61] Luxemburg erzielte im Jahr 2013 den höchsten Wert der EU-Mitgliedstaaten. Das BIP pro Kopf in KKS überstieg den Durchschnitt der EU-28 um fast das Dreifache. Dieser Wert kommt durch die hohe Zahl an Grenzgängern aus Belgien, Deutschland und Frankreich zustande. Zum gleichen Zeitpunkt lag das BIP pro Kopf in KKS in Bulgarien bei weniger als der Hälfte des Durchschnittswertes der EU-28. Hier werden die enormen Unterschiede der einzelnen Mitgliedstaaten deutlich. Oberhalb des EU-Durchschnitts liegen alle Gründerstaaten, Italien ausgenommen, sowie alle nordischen Staaten (Schweden, Finnland, Dänemark, Irland) und Österreich. Der Wert der Euro-Zone liegt leicht über dem EU-Durchschnitt bei 28.600 KKS.[62] Das BIP pro Kopf der Staaten, die möglicherweise zukünftig der EU angehören könnten, liegen deutlich unter dem EU-Durchschnitt. Hingegen weisen die Staaten außerhalb der EU (Norwegen, Schweiz und Island) Werte des BIP pro Kopf klar über dem EU-Durchschnitt auf.[63]

---

[60] Vgl. o. V., Bundeszentrale für politische Bildung (2011); o. V., Populationpyramid (2016).
[61] Vgl. o. V., Eurostat (2015).
[62] Vgl. o. V., Bundeszentrale für politische Bildung (2015).
[63] Vgl. o. V., Bundeszentrale für politische Bildung (2015).

4 Fazit

Es wurde deutlich, dass aufgrund zahlreicher wirtschaftlicher und politischer Gründe immer mehr Staaten an einer Mitgliedschaft in der EU interessiert und damit bereit sind, nationale Kompetenzen auf EU-Ebene zu übertragen, um die Zusammenarbeit zu vertiefen. Schrittweise vergrößerte sich die EU und mit ihr die Divergenzen, Komplexität und Vielfalt.

Fraglich ist, wie es mit der EU zukünftig weiter gehen soll. Die Auffassungen über die Perspektiven der EU sind sehr verschieden. Großbritannien beispielsweise denkt über einen Austritt aus der EU nach. Andere Staaten befürworten, die Kompetenzen schrittweise wieder auf die nationale Ebene zu übertragen. Wiederum andere Staaten lehnen einen Rückzug ins Nationale ab, sie wünschen sich „mehr Europa". Die Vorstellungen sind alles andere als einheitlich und lassen sich nicht von jetzt auf gleich einander angleichen. Solch eine Harmonisierung differierender Vorstellungen ist bei einer Bevölkerung von mehr als 508 Millionen Menschen und Staaten mit unterschiedlicher Geschichte auch durchaus schwierig.[64]

Zwar konnten die definierten Ziele zur Gründung der EU erfüllt werden, dennoch sind weiterhin zahlreiche Herausforderungen zu bewältigen. Sehr wichtig ist die Frage, wie oder ob sich der Erweiterungsprozess fortführen wird.[65] Jede Erweiterung hat Auswirkungen auf eine Vertiefung der Integration. Hier werden die Gegensätze der grundsätzlichen Debatte zwischen Erweiterung und Vertiefung deutlich.

Nicht alle Staaten betrachten eine weitere Vertiefung als positiv. Deswegen besteht die Möglichkeit einer verstärkten Zusammenarbeit. Dies bedeutet, dass sich einzelne Mitgliedstaaten zu einer Gruppe zusammenschließen und zu bestimmten Themen vertiefte Integrationsschritte vornehmen. Für die Staaten außerhalb dieser Teilgruppe besteht kein Zwang den Vorstellungen zu folgen. Ein Beispiel für intensivere Zusammenarbeit ist die Euro-Gruppe, bestehend aus 19 Mitgliedstaaten. Die verstärkte Zusammenarbeit, als ein mögliches Szenario für die Zukunft wird aber auch kritisiert, da dies eine Spaltungsgefahr für Europa bedeuten kann.[66]

---

[64] Vgl. Stratenschulte, Bundeszentrale für politische Bildung (2014b).
[65] Vgl. Stratenschulte, Bundeszentrale für politische Bildung (2014b).
[66] Vgl. Brasche (2013), S. 11 f.

Zahlreiche Staaten stehen potenziellen Erweiterungen ebenso kritisch gegenüber. Der Umfang der EU wächst und Krisengebiete nähern sich den Grenzen der EU. Durch die steigende Komplexität und Heterogenität könnte die EU unregierbar werden. Schon heute ist die Koordination von 28 Staaten schwierig, und oftmals sind Entscheidungsprozesse viel zu langwierig.[67] Es gilt letztendlich, Entscheidungsprozesse transparenter zu gestalten, institutionelle Reformen durchzuführen sowie zu vereinbaren, was genau „mehr Europa" bedeutet: „Mehr Integration oder mehr Staaten".[68]

---

[67] Vgl. Brasche (2013), S. 9; Stratenschulte, Bundeszentrale für politische Bildung (2014 b).
[68] Stratenschulte, Bundeszentrale für politische Bildung (2014 b).

5 Anhang

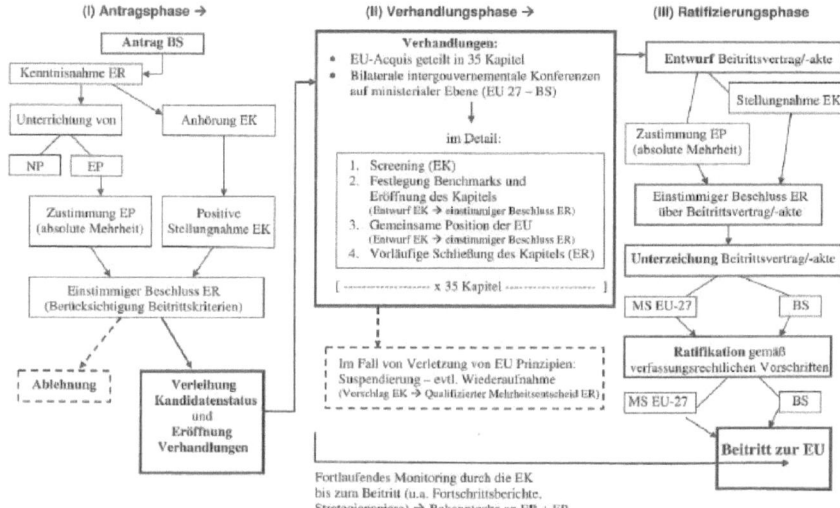

Abb.: 1 Beitrittsverfahren zur Europäischen Union (Quelle: Entnommen aus Weidenfeld / Wessels (2014): Europa von A bis Z, S. 169).

Acquis Communautaire - Kapitel	
Kapitel 1	Freier Warenverkehr
Kapitel 2	Freizügigkeit für Arbeitnehmer
Kapitel 3	Niederlassungsrecht und freier Dienstleistungsverkehr
Kapitel 4	Freier Kapitalverkehr
Kapitel 5	Öffentliches Auftragswesen
Kapitel 6	Gesellschaftsrecht
Kapitel 7	Rechte am geistigen Eigentum
Kapitel 8	Wettbewerb
Kapitel 9	Finanzdienstleistungen
Kapitel 10	Informationsgesellschaft und Medien
Kapitel 11	Landwirtschaft und ländliche Entwicklung
Kapitel 12	Lebensmittelsicherheit, Tier- und Pflanzenschutzpolitik
Kapitel 13	Fischerei
Kapitel 14	Verkehr
Kapitel 15	Energie
Kapitel 16	Steuern
Kapitel 17	Wirtschaft und Währung
Kapitel 18	Statistik
Kapitel 19	Beschäftigung und Soziales
Kapitel 20	Unternehmen und Industrie
Kapitel 21	Transeuropäische Netze
Kapitel 22	Regionalpolitik und Koordinierung der strukturellen Instrumente
Kapitel 23	Judikative und Grundrechte
Kapitel 24	Justiz, Freiheit und Sicherheit
Kapitel 25	Wissenschaft und Forschung
Kapitel 26	Bildung und Kultur
Kapitel 27	Umwelt
Kapitel 28	Verbraucher- und Gesundheitsschutz
Kapitel 29	Zollunion
Kapitel 30	Außenbeziehungen
Kapitel 31	Außen-, Sicherheits- und Verteidigungspolitik
Kapitel 32	Finanzkontrolle
Kapitel 33	Finanz- und Haushaltsvorschriften
Kapitel 34	Institutionen
Kapitel 35	Sonstiges

Abb.: 2   Acquis Communautaire – Kapitel (Quelle: Eigene Darstellung in Anlehnung an Europäisches Parlament (o. J.b).

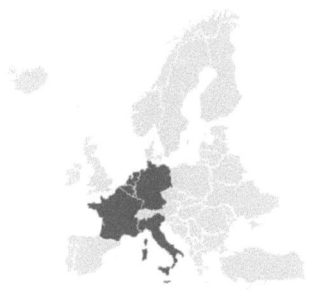

Abb.: 3   Gründung EGKS 1952, 6 Mitgliedstaaten (Quelle: Eigene Darstellung).

Abb.: 4   Norderweiterung 1973, 9 Mitgliedstaaten (Quelle: Eigene Darstellung).

Abb.: 5   Süderweiterung 1981/1986, 12 Mitgliedstaaten (Quelle: Eigene Darstellung).

Abb.: 6   Norderweiterung 1995, 15 Mitgliedstaaten (Quelle: Eigene Darstellung).

Abb.: 7   Osterweiterung 2004, 27 Mitgliedstaaten (Quelle: Eigene Darstellung).

Abb.: 8   Der Beitritt Kroatiens 2013, 28 Mitgliedstaaten (Quelle: Eigene Darstellung).

Abb.: 9   Aktuelle Beitrittskandidaten, 4 Staaten (Quelle: Eigene Darstellung).

Abb.: 10   Potenzielle Beitrittskandidaten, 3 Staaten (Quelle: Eigene Darstellung).

6 Literaturverzeichnis

Adam, H. / Mayer, P. (2014): Europäische Integration, Konstanz und München.

Bache, I. / Bulmer, S. / George, S. / Parker, O. (2015): Politics in the European Union, Oxford.

Brasche, U. (2013): Europäische Integration: Wirtschaft, Erweiterung und regionale Effekte, München.

Clemens, G. / Reinfeldt, A. / Wille, G. (2008): Geschichte der europäischen Integration, Paderborn.

Schmidt, S. / Schünemann, W. J. (2013): Europäische Union: Eine Einführung, Baden-Baden.

Wagener, H.-J. / Eger, T. (2014): Europäische Integration: Wirtschaft und Recht, Geschichte und Politik, München.

Weidenfeld, W. (2013): Die Europäische Union, München.

Weidenfeld, W. / Wessels, W. (2014): Europa von A bis Z: Taschenbuch der europäischen Integration, Baden-Baden.

6.1 Internetquellen

BRANDENBURGISCHE LANDESZENTRALE FÜR POLITISCHE BILDUNG:

o. V. (2015): Leitvorstellungen und Motive, http://www.politische-bildung-brandenburg.de/node/7308, abgerufen am 30.12.2015.

BUNDESZENTRALE FÜR POLITISCHE BILDUNG:

Lippert, B. (2014): M 02.11 Karikatur: Norderweiterung 1973, http://www.bpb.de/lernen/grafstat/europawahl-2014/134059/m-02-11-karikatur-norderweiterung-1973, abgerufen am 10.01.2016.

Lippert, B. (o. J.a): Beitrittsverfahren, http://www.bpb.de/nachschlagen/lexika/176708/beitrittsverfahren, abgerufen am 27.12.2015.

Lippert, B. (o. J.b): Süderweiterung, http://www.bpb.de/nachschlagen/lexika/177291/suederweiterung, abgerufen am 10.01.2016.

o. V. (2009): sui generis, http://www.bpb.de/nachschlagen/lexika/pocket-europa/16938/sui-generis, abgerufen am 21.01.2016.

o. V. (2011): Flächen, http://www.bpb.de/70500, abgerufen am 30.01.2016.

o. V. (2014), M 02.16 Karikatur: 1995 EU-Norderweiterung, http://www.bpb.de/lernen/grafstat/europawahl-2014/134069/m-02-16-karikatur-1995-eu-norderweiterung, abgerufen am 11.01.2016.

o. V. (2015): Bruttoinlandsprodukt (BIP) pro Kopf, http://www.bpb.de/nachschlagen/zahlen-und-fakten/europa/70546/bip-pro-kopf, abgerufen am 31.01.2016.

Stratenschulte, E. D. (2014a): Gründung der Europäischen Gemeinschaften, https://www.bpb.de/internationales/europa/europaeische-union/42989/europaeische-gemeinschaften?p=all, abgerufen am 27.12.2015.

Stratenschulte, E. D. (2014b): Die Zukunft Europas, http://www.bpb.de/internationales/europa/europa-kontrovers/182478/einleitung, abgerufen am 30.01.2016.

EUROPÄISCHES PARLAMENT:

o. V. (o. J.a): Beitritt zur EU, http://www.europarl.europa.eu/brussels/website/media/modul_01/Zusatzthemen/Pdf/Beitritt.pdf, abgerufen am 28.12.2015.

o. V. (o. J.b): Alles was Recht ist: der Acquis communautaire, http://www.europarl.europa.eu/brussels/website/content/modul_03/zusatzthemen_05.html, abgerufen am 30.01.2016.

EUROSTAT:

o. V. (2015): Volkswirtschaftliche Gesamtrechnung und BIP, http://ec.europa.eu/eurostat/statistics-explained/index.php/National_accounts_and_GDP/de, abgerufen am 31.01.2016.

LANDESZENTRALE FÜR POLITISCHE BILDUNG BADEN-WÜRTTEMBERG:

o. V. (o. J.): EU-Osterweiterung, https://www.lpb-bw.de/eu_osterweiterung.html, abgerufen am 16.01.2016.

POPULATIONPYRAMID:

o. V. (2016): World 2016, http://populationpyramid.net/, abgerufen am 30.01.2016.